AF357231

RICHARD CŒUR-DE-LION

RICHARD CŒUR-DE-LION

DE

GRÉTRY

DÉTAILS HISTORIQUES ET ANECDOTIQUES
SUR CET OUVRAGE.

PAR PIERRE HÉDOUIN.

« La sensibilité est l'âme du chant, et pour
« peu que l'on ait de goût, on la préférera
« toujours à la plus savante exécution, puis-
« que celle-ci ne flatte que l'oreille. »

NINON DE L'ENCLOS.

PARIS

IMPRIMERIE DE PILLET FILS AÎNÉ

RUE DES GRANDS-AUGUSTINS, 5.

1853

RICHARD COEUR-DE-LION

DE GRÉTRY

DÉTAILS HISTORIQUES ET ANECDOTIQUES
SUR CET OUVRAGE.

> « La sensibilité est l'âme du chant, et pour
> « peu que l'on ait de goût, on la préférera
> « toujours à la plus savante exécution, puis-
> « que celle-ci ne flatte que l'oreille. »
>
> NINON DE L'ENCLOS.

I

Il est une vérité que malheureusement on est
forcé d'admettre et de répéter : « c'est qu'en général
« les œuvres d'art sont mal comprises et mal appréciées
« en France. » — Il nous faut du nouveau, toujours
du nouveau, n'en fût-il plus au monde. — Lorsque
quelques années ont passé sur les productions d'un
homme de génie, l'oubli pèse sur elles de tout son
poids, et si l'on vient à en parler, c'est avec l'accent
de l'indifférence ou du dédain ; il est nécessaire tou-

1.

tefois, de faire observer que plusieurs des docteurs condamnant au néant les chefs-d'œuvre de nos grands maîtres, ne les connaissent pas, ou ne les ont point étudiés. — « C'est de la vieille musique, disent-ils ; « cela est rococo, détestable, et n'est plus à la hau- « teur des progrès du siècle!... » — Grands mots vides de sens, en vertu desquels ces aristarques imberbes, contempteurs de Gluck et de Grétry, admirent comme musique progressive tant de compositions vraiment pitoyables, dont les auteurs, que je ne veux pas nommer, usent et blasent nos oreilles, en faisant un tapage infernal, ainsi que certains Anglais usent et blasent leur estomac, en le remplissant de poivre de Cayenne !

J'ai publié, il y a dix-huit ans, dans le *Monde dramatique*, journal d'art, alors fort répandu à Paris, une série d'articles sur l'abandon des anciens compositeurs. — Ces articles furent assez heureux pour obtenir l'assentiment de l'illustre Meyerbeer, de Spontini et de plusieurs amateurs distingués. — Ils contenaient l'histoire de notre musique dramatique depuis la prétendue révolution faite par Rossini, talent admirable, sublime, qui n'a fait parfois beaucoup de bruit dans l'orchestre que parce que le siècle voulait de la musique à coups de canon. — Je vengeais les anciens, à partir de Gluck surtout, de leur exil de la scène, et je disais que le jour n'était pas loin peut-être, où on les rappelerait, et où leurs ouvrages se-

raient de nouveau justement applaudis. — Je ne
m'étais pas trompé, car ce jour ne tarda point à ar-
river. — Grétry, Monsigny, d'Alayrac, Chérubini,
Boïeldieu, furent tour à tour nommés sur les affi-
ches de l'Opéra-Comique. Gluck fut chanté dans les
concerts, dans les salons fashionables, à la cour,
comme à la ville : et si l'Académie royale et maintenant impériale de musique ne remit pas au théâtre,
Orphée, *Armide*, *les deux Iphigénie*, c'est que, grâce
à l'intelligence de son administration, elle n'a pas
eu, surtout en femmes, trois sujets ayant le talent et
les traditions indispensables pour interpréter ces
grandes compositions. Au demeurant qu'on n'aille
pas croire que j'attribue au bon goût des soi disant
dilettanti français les hommages qu'ils ont paru rendre momentanément à des hommes de génie, dont
la veille ils foulaient aux pieds le laurier cependant toujours vert : non, et mille fois non!!! Je les connais
assez pour affirmer que ce retour apparent vers le
beau n'est qu'une affaire de mode et d'engouement,
—ils se pâment encore aujourd'hui lorsqu'ils enten-
dent chanter *une fièvre brûlante*, comme ils se pâ-
maient naguère en entendant ces pâles et triviales
romances, ces cavatines à coups de gosier, à gammes
chromatiques montantes et descendantes, qui ne
sont réellement que des gargarismes et des *smorfie*.
—— Pour ces gens-là, l'expression, la pureté, le sentiment profond, la simplicité seront toujours lettres

mortes. — Enfin ils ne comprendront jamais cette maxime si vraie de l'un de nos poëtes :

« En fait de chant, ah ! rien n'est plus facile,
« Que la difficulté ! »

Parmi les ouvrages remis à la scène, il faut placer en première ligne le *Richard Cœur-de-Lion* de Grétry, — pour moi c'est le chef-d'œuvre d'un compositeur qui n'a fait en général que des chefs-d'œuvre. — Peut-être les abonnés du *Ménestrel* liront-ils avec quelque intérêt ce qui se rattache *historiquement, anecdotiquement* et *artistiquement* à l'opéra de Richard ; — on aime de nos jours à connaître les détails intimes concernant un homme ou une production célèbres.

Depuis longtemps Grétry désirait mettre en musique un poëme sérieux de Sedaine. — Il nous a dit lui-même, plusieurs fois, que cet auteur lui semblait l'homme par excellence, soit pour l'invention des caractères, soit pour le mérite si rare d'amener les situations de manière à produire des effets neufs, et cependant toujours dans la nature. — En 1773, Sedaine lui avait confié le *Magnifique* ; mais dans cet opéra il n'y avait qu'une scène remarquable, celle de la rose. — Lié avec Monsigny, d'affection, d'intérêts et de reconnaissance, Sedaine avait remis à ce compositeur le manuscrit de *Richard*. Monsigny, quel

que fût encore son talent, commençait à se fatiguer.
— Son bel opéra de *Félix* venait d'être critiqué de
la manière la plus acerbe et la plus ridicule par M. le
baron de Grimm, véritable grimaud en musique;
son âme était blessée, abattue; il craignit de com-
promettre le succès du drame de son ami, et surtout de ne point faire assez bien la fameuse romance
du second acte... Ce sentiment de modestie, de dé-
fiance de la part du chantre du *Déserteur*, n'est-il
pas aussi remarquable que digne d'éloges?.. Ne
peut-il pas servir d'exemple et de leçon à certains
jeunes calculateurs de notes qui, de nos jours, ne
doutent de rien, et lèvent les épaules de pitié
quand on leur parle de nos vieux et illustres maîtres?... Ce qu'il y eut de plus délicat encore dans la
conduite de Monsigny, c'est que lui-même demanda
à Sedaine de confier le poëme de *Richard* à Grétry,
alors son rival, dans une lettre ayant fait partie
de ma collection d'autographes et que je me plais à
citer :

« *Saint-Cloud, ce 2 octobre.* — Voilà mon ami,
« votre manuscrit de *Richard-Cœur-de-Lion.* Ne
« doutez pas que Grétry fasse la musique de cette
« pièce... à l'égard de votre premier refus, il aurait
« tort de se fâcher de la préférence que vous m'aviez
« accordée; si elle ne m'était pas due pour le talent,
« je la méritais à un autre titre... dans ce moment

« ce n'est pas à mon refus que vous la lui offrez ;
« c'est au contraire moi-même qui vous dis : je ne
« puis faire votre pièce, prenez Grétry. Bonjour,
« mon ami, etc... »

Grétry, mû par le double motif de soutenir sa réputation et de répondre à la confiance de Monsigny, commença donc à écrire la musique de *Richard*.. — elle fut achevée dans les derniers mois de l'année 1785, et la première représentation de ce bel ouvrage eut lieu sur le théâtre de l'Opéra-Comique, dit alors des *Italiens*, le 25 octobre. On se ferait difficilement une idée de l'enthousiasme qu'il inspira !... je parle surtout de la musique, car le troisième acte du poëme subit plusieurs changements avant d'être adopté par le public.—Cent représentations données de suite suffirent à peine à l'empressement de la foule ; par toute la France on chanta les airs de *Richard*, dont le succès ne fut pas moins grand à l'étranger. — Au dire des contemporains, Clairval jouait admirablement Blondel, et Mme Laruette était charmante dans le rôle de Laurette. — Philippe, dont le nom sert encore à désigner dans les ouvrages modernes les rôles de son emploi, représentait le roi. — Voici ce que Grétry, dans ses *Essais*, dit de cet artiste : « A
« plusieurs répétitions la beauté de la situation, la
« sensibilité de l'acteur, jointes au désir de bien remplir son rôle, exaltait son imagination au point que

« ses larmes l'étouffaient lorsqu'il voulait répondre
« à Blondel :

« Un regard de ma belle, etc. »

« Le jour de la première représentation, cet acteur
« plein de zèle et d'ardeur, fut subitement attaqué
« d'une extinction de voix ; il n'était plus temps de
« changer le spectacle : la salle était pleine. Il me
« fit appeler dans sa loge : Voyons, lui dis-je, chan-
« tez-moi votre romance ; il articula quelques sons
« avec peine. C'est bien là la voix d'un prisonnier ;
« vous produirez l'effet que je désire : chantez et
« soyez sans inquiétude. »

II.

La vogue de l'opéra de *Richard* ne discontinua
pas jusqu'aux premières années de la révolution ;
elle s'accrut même d'abord, à cause de la situation
de l'infortuné Louis XVI qui, en butte aux efforts
des factieux, se trouva bientôt livré à leurs coups.
— C'était avec enthousiasme que les partisans de
la monarchie, les sujets restés fidèles à ce bon
prince, répétaient l'air magnifique de Blondel :

« ...... ô mon roi, l'univers t'abandonne ! »

La mode s'était dès longtemps emparée des prin-
cipaux incidents de ce beau drame, et l'on voyait
la scène de la reconnaissance entre le monarque
anglais et son féal ménestrel reproduite sur les
tapisseries, les tabatières et les éventails du temps.

— Semblables aux Athéniens par la vivacité, l'inconstance, la légèreté de leur esprit, les Français, à toutes les époques de leur histoire, ont appliqué souvent les circonstances les plus graves aux objets les plus futiles, et fait un sujet d'amusement de ce qui les conduisait à la mort !...

Le moment arrivait où l'opéra de *Richard* allait être frappé de proscription. — Le 2 octobre 1789, les gardes-du-corps ayant donné un banquet dans la salle de spectacle du château de Versailles, aux officiers de la garnison, entonnèrent, avec l'ardeur la plus chevaleresque, le chant : *O Richard, ô mon roi !* en jurant de mourir aux pieds du trône. —Cet élan de fidélité, cette fête furent transformés par les révolutionnaires en menaces, en conspiration contre la nation, et à dater de cet instant l'œuvre de Sedaine et de Grétry disparut des théâtres. — Il y a plus, il eût été dangereux d'en rappeler le souvenir. Notre célèbre chanteur Garat en fit l'expérience, et elle manqua, dans les premiers mois du régime républicain, de lui coûter la vie. Jadis attaché à tous les concerts de la cour, maître de chant de la malheureuse et si atrocement calomniée Marie-Antoinette, il était plein de dévouement et de reconnaissance pour Louis XVI et toute sa famille.— Déjà plusieurs fois il s'était compromis par ses discours à l'époque où ce vertueux monarque était prisonnier au Temple. — Un soir, au foyer de l'Opéra, dit alors *Théâtre des arts*, il s'avisa dans un accès d'enthousiasme de chanter ce couplet de la fameuse romance de Richard :

> « Dans une tour obscure
> « Un roi puissant languit ;
> « Son serviteur gémit
> « De sa triste aventure !..., etc. »

aussitôt il fut arrêté, et il allait être conduit dans l'une de ces prisons d'où l'on ne sortait que pour aller à la guillotine, lorsque Danton, qui parfois avait de bons moments, intervint, et s'écria : — « Citoyens, laissez donc libre le citoyen Garat !... « C'est un imbécile, mais il chante à merveille. — « Quand vous le voudrez, il vous entonnera *Ah !* « *ça ira, ça ira !* avec autant de chaleur qu'il en a « mis dans le couplet aristocratique que vous ve- « nez d'entendre. » — Le tribun du peuple, Danton, était alors tout puissant, et Garat fut mis en liberté.

Plusieurs années s'écoulèrent, et quand Napoléon eut ceint la couronne impériale, il donna l'ordre de reprendre *Richard*.—Outre sa prédilection pour cet ouvrage, le grand homme mettait une intention politique dans sa reprise ; il voulait prouver que loin de craindre ce qui se rattachait au culte de la vieille monarchie, il honorait dans Blondel, la fidélité, le dévouement à un prince malheureux. —

Richard fut monté à Saint-Cloud, avec autant de soin que de luxe, et je tiens de Grétry quelques détails intéressants sur cette représentation solennelle. — Les décors furent peints sur des dessins envoyés d'Allemagne, et offrant la vue exacte de la forteresse où le monarque anglais avait été renfermé. — Les costumes des moindres comparses étaient d'une rigoureuse vérité. — Le célèbre Gardel avait été chargé de régler le petit ballet pour la fête qui se passe chez sir William au troisième acte. — A cette occasion, il advint un incident qui prouve la justesse d'esprit et de goût de Napoléon, même lorsqu'il s'agissait des arts. — Aux airs de danse si naïfs et si bien en situation du compositeur, Gardel avait cru devoir ajouter des airs nouveaux, et d'une couleur tout à fait différente. — Cela allongeait l'action en diminuant l'intérêt, et produisait un contraste choquant. — L'empereur ne s'y trompa point ; Grétry ayant été appelé dans sa loge, reçut de la bouche de Sa Majesté les compliments les plus flatteurs, et le don d'une pension viagère de 6,000 fr., qu'elle accompagna de ces paroles : « Jouissez de votre triom- « phe !... il n'est pas toutefois sans un léger nuage ; « pourquoi avez-vous ajouté à votre troisième « acte des airs de danse nouveaux ?... » —Grétry se défendit d'avoir eu part à cette addition faite à son travail primitif, et s'en montra même assez mécon-

tent. -- « C'est donc Gardel qui a imaginé cette
« sottise, dit l'empereur!... qu'on le fasse ve-
« nir!... » et Gardel étant arrivé : — « Monsieur le
« maître des ballets, croyez-vous qu'avec mon cos-
« tume militaire, le chapeau de François Ier irait
« bien sur ma tête?... Non, n'est-ce pas ?... dès lors
« ne vous avisez plus de coudre des airs modernes
« aux airs anciens de Grétry. — En administra-
« tion, en politique, et même en musique, il n'y a
« de salut que dans l'unité. » — Il serait bien à dé-
sirer que cet avis plein de sens fût suivi par les di-
recteurs et administrateurs de nos grands théâtres
qui, tous les jours, se permettent d'arranger à leur
guise, de mutiler les œuvres des plus beaux gé-
nies. — Est-ce qu'à l'Opera on ne s'est pas avisé
dernièrement d'ajouter aussi de nouveaux airs
de ballet, aux airs charmants, gracieux, et d'un
coloris si frais, si brillant que Rossini a composés
pour son *Moïse* français? C'est là une véritable
profanation, commise dans un but intéressé!...
profanation absurde du reste, car elle ne produit
que le dégoût et l'ennui, au lieu de l'effet pyrami-
dal, fructueux que ses auteurs en attendent. —
N'en déplaise à M. Roqueplan et Ce, si la critique
faisait son devoir, elle lancerait de toutes parts
l'anathème contre un tel vandalisme !

A Paris, sur le théâtre de l'Opéra-Comique, la
reprise de *Richard* eut le même succès qu'à Saint-

Cloud. — Il y avait alors des acteurs et des chan-
teurs réunissant l'expression dramatique à la voix,
l'élégance des manières et du jeu à toutes les nuan-
ces du sentiment scénique. — Elleviou, le plus admirable, le plus parfait ténor, le plus gracieux et
le plus vrai comédien que j'aie jamais vu sur notre
second théâtre lyrique, jouait le rôle de Blondel.
C'était bien l'aveugle clairvoyant conduisant une
grande intrigue, pour retrouver le prince auquel
il avait voué sa vie. Qu'il était beau lorsque, resté
seul sur la scène aux premières mesures de la ri-
tournelle du grand air, dépouillant ses traits de la
barbe du vieillard, et se redressant de toute sa
hauteur, il examinait la forteresse, et s'écriait
enfin :

> « O Richard ! ô mon roi !...
> « L'univers t'abandonne !...

avec quelle âme il disait :

> « Et sa noble amie,
> « Hélas ! son cœur
> « Doit être navré de douleur !... »

Oui, cet artiste inimitable m'a laissé des souvenirs
qui ne s'effaceront jamais ! Et je suis heureux de
trouver de nouveau l'occasion de payer un tribut
d'estime, de regret et d'admiration à sa mémoire.

2.

— Mme Gavaudan, si espiègle et si expressive à
la fois, n'a point été remplacée dans le rôle du petit Antonio, et Chenard jouait et chantait sir William avec une rondeur, une intelligence on ne sau-
rait plus rares. — Comme l'Opéra-Comique a
changé depuis ! L'ambition ridicule d'imiter les Italiens s'est emparée des auteurs, des acteurs et des
compositeurs. On fabrique maintenant des espèces
de pastiches, des canevas sans caractère, blessant
toutes les vraisemblances, et dont le but est d'amener des cavatines criblées d'appogiatures, de points
d'orgue, des finals à grands fracas, d'une longueur
démesurée, et dans lesquels l'action devient inin-
telligible. — Intérêt, esprit, passion, intentions
dramatiques de bon aloi, tout cela a disparu dans
la plupart des ouvrages qu'on nous donne : aussi
ces ouvrages ne vivent-ils qu'un jour. Si l'on re-
prend parfois quelques comédies, quelques dra-
mes lyriques de l'ancien répertoire, la serpe des
arrangeurs, instrument de dommage s'il en fut jamais, les mutile ; il n'y a plus trace des mouvements
et des traditions qui contribuaient à leur imprimer
tant de charmes. — En un mot, à quelques rares
exceptions près, l'Opéra-Comique depuis vingt ans
a vu petit à petit s'effacer le cachet d'originalité,
de nationalité qui en faisait un spectacle unique
en Europe.

La chute de l'empire arriva en 1814. — *Ri-*

chard n'avait pas cessé d'être joué, et les chroniques du temps ont raconté, que dans le douloureux trajet de Fontainebleau à l'île d'Elbe, Napoléon fredonnait quelquefois, avec l'accent de la tristesse, le passage de l'air de Blondel :

« L'univers t'abandonne ! »

III.

Les premiers mois de la Restauration donnèrent
un nouveau lustre à l'œuvre de Sédaine et de Grétry. — La pensée si éminemment monarchique de
cette œuvre lui valut alors sur tous les théâtres,
des applaudissements unanimes. — Il est par le
monde des gens ayant le talent de rendre ridicules
les plus belles choses. — Je vais en citer un exemple remarquable. Jansserand, ténor qui jadis avait
débuté au théâtre Feydeau, jouant dans une ville
de province le rôle de Blondel, s'avisa de parodier
le grand air, de l'adapter, selon lui, aux circonstances, en chantant :

> « Louis dix-huit, ô mon roi !
> « L'univers te couronne !...
> « Tu triomphes par la loi,
> « Et nous adorons ta personne !

Je n'ai pas besoin de dire que l'effet obtenu par lui, fut diamétralement opposé à celui qu'il s'était promis. Ce qu'il y eut de plus drôle, c'est qu'un auditeur, fort bon royaliste, faillit ce soir-là, aller coucher en prison, parce qu'il siffla à toute outrance cette absurde variante. Il s'expliqua, et l'autorité finit par reconnaître qu'il n'était nullement coupable du crime de lèse-majesté, et que le pauvre Jansserand, était lui coupable, au premier chef, du crime de lèse-sens-commun.

J'arrive à une époque qui a laissé des traces vraiment douloureuses dans mon âme toute dévouée à l'art français. A partir de 1825, l'engouement pour la musique italienne, la retraite des véritables interprètes de nos anciens opéras, cette manie parisienne d'attaquer les ouvrages et les hommes de talent de la veille, de mépriser, de dédaigner le lendemain ce qu'on avait d'abord porté aux nues, interrompirent les représentations de *Richard.* — Voltaire, cet esprit si juste et si fin, a fustigé cette déplorable manie, avec autant de raison que de verve dans ces vers :

> « Notre public, ce fantôme inconstant,
> « Monstre à cent voix, cerbère dévorant,
> « Qui flatte et mord, qui dresse par sottise
> « Une statue, et par dégoût la brise !... »

J'ai dit ailleurs ce que je pensais de l'abandon de

tant de chefs-d'œuvre faisant notre gloire, et du dommage que l'art musical et l'art dramatique en avaient ressenti. Chose étonnante! c'est que dans le paroxisme le plus fort de la fièvre romantique, on n'ait pas ressuscité le drame de Sedaine et Grétry!... Ces messieurs ne parlaient que de couleur locale, et des croyances et récits du moyen âge. — Est-ce que le poëme de *Richard* n'est pas une vieille ballade dialoguée, un antique fabliau mis en scène par un homme que quelques-uns des disciples du grand Victor ont décoré du titre de Shakespeare en miniature? Est-ce que la musique de Grétry, n'exhale pas un vrai parfum de naïveté gothique?... Cet oubli, ou plutôt ce dédain, ne peut s'expliquer qu'en se rappelant que le romantisme, alors applaudi sur les theâtres, devait offrir la personnification du laid physique et moral, et qu'en fait de musique, sans toutes les forces de l'orchestre, les trombones et les ophicleïdes, accompagnant même une simple romance, il n'y avait pas de salut pour une partition.

Enfin, en 1840, on reprit quelques anciens ouvrages, et *Richard* eut son tour. — Les journaux du temps ont rendu compte de l'impression produite par cette reprise, impression que je suis loin de croire avoir été tout à fait franche de la part de plusieurs, mais qui alla jusqu'à l'enthousiasme. En effet, pourquoi le dissimulerions-nous? L'affluence qui se porta aux premières représentations de *Richard* n'était pas sans être un peu mise en mouvement par l'esprit de parti. A diverses époques on a fait de cet ouvrage une espèce de drapeau, de signe de ralliement aux principes de la vieille monarchie, et les royalistes attachés à la branche aînée, imitèrent en cette circonstance les impérialistes qui, dans les premières années de la Restauration, allèrent en masse applaudir Talma jouant Germanicus ou Sylla et Mlle Mars vêtue d'une robe ornée de violettes ; innocente manifestation, consolation laissée aux vaincus, et n'offrant aucun danger, quand un gouvernement a assez d'esprit pour en paralyser l'effet. — Les sots, et ils sont en majorité dans toutes les opinions, tourmentèrent Talma et Mlle Mars. — Louis XVIII, prince habile et lettré, les combla d'éloges. — Il ordonna qu'on plaçât des violettes sur toutes les cheminées du château, dit à la grande actrice que la violette était une fleur trop jolie pour ne pas la comprendre dans l'amnistie, et lui fit cadeau d'une parure en améthystes. —A son tour, Louis-Philippe, monarque non moins adroit que l'auteur de la Charte de 1814, et qui puisait dans ses souvenirs de jeunesse un véritable culte pour la musique de Monsigny et de Grétry, fit représenter solennellement l'opéra de *Richard*. Ce fut de l'excellente guerre, en ce qu'elle amena de suite un traité de paix. — Il

est certain que la proscription d'une œuvre d'art
ou de littérature, qui n'en peut mais des allusions
qu'on en fait jaillir, n'est propre qu'à irriter les es-
prits, à fomenter le trouble et la sédition : nous
pourrions en citer mille exemples.

IV.

Mon projet, en commençant ce travail, avait été
de donner une analyse de tous les morceaux de
l'opéra de *Richard* : les bornes du journal dans
lequel j'écris m'y ont fait renoncer. — Je me per-
mettrai seulement d'entrer dans quelques détails
sur la romance dont Grétry disait avec raison que :
« *c'était le pivot sur lequel devait tourner toute
la pièce.* » Monsigny avait refusé le poëme de Sédaine, parce qu'il craignait de ne pouvoir faire assez bien ce morceau. — Pour donner une idée des
difficultés qu'il présentait, et de la manière dont
il fut composé, je citerai les paroles de Grétry :

« Si j'acceptai ce bel œuvre dramatique, disait-il,
« j'avoue que la romance m'inquiétait ainsi que
« mon confrère. — Je la fis de plusieurs manières,

« sans trouver ce que je cherchais, c'est-à-dire le
« vieux style, capable de plaire aux modernes. —
« La recherche que je fis, pour choisir parmi tou-
« tes mes idées le chant qui existe, se prolongea
« depuis onze heures du soir jusqu'à quatre heures
« du matin. — Je me rappelle qu'ayant sonné la
« nuit pour demander du feu : — Vous devez avoir
« froid, me dit mon domestique, car vous êtes tou-
« jours là à ne rien faire. » Ces circonstances de la
vie intime du compositeur sont remplies d'intérêt ;
elles peuvent être utiles en servant à repousser une
erreur assez généralement répandue : cette erreur
est de penser que les choses ayant le cachet de
l'inspiration sont le fruit de l'exaltation du moment,
le jet d'une flamme s'emparant tout à coup du cer-
veau. — Il n'en est rien, car ce qui est véritable-
ment beau dans les arts a toujours été longuement
médité, réfléchi ; il vient une heure où l'éclair
brille, où Minerve tout armée s'échappe de l'imagination ; mais que de tentatives laborieuses il faut
faire avant que cette heure sonne !... — Je me suis
toujours défié des artistes se vantant de travailler
très-vite, et menant la composition d'un opéra
(Qu'on me pardonne cette image), *à toute vapeur*.
Il est très-rare que leurs productions *ne déraillent
pas*, en ce sens que ce sont de tristes avortons, ne
donnant signe d'existence que pendant l'espace de
quelques soirées. — Les grands maîtres leur ont

cependant à cet égard transmis des leçons qu'ils devraient suivre. — La correspondance de l'immortel Gluck nous apprend qu'il retournait pendant plus d'une année dans sa tête les motifs, les situations du poëme lyrique qu'on lui avait confié, avant d'écrire une seule note de sa partition. — Boïeldieu a mis un temps considérable à produire son admirable *Dame blanche*, et l'illustre Meyerbeer ne trouve jamais qu'il a assez travaillé les chefs-d'œuvre dont il enrichit notre scène.

La romance *Une fièvre brûlante* est sublime de simplicité et d'expression! — base essentielle de l'opéra de *Richard*, le motif en est répété un grand nombre de fois, dans le cours de la partition ; tantôt sans accompagnement, puis avec variations, avec accompagnements, ensuite avec les paroles, avec nouvelles variations à double corde ; dans le morceau d'ensemble où Blondel se fait reconnaître, et enfin dans le dernier chœur où Richard, Blondel et Marguerite le chantent en trio. Grâce à la beauté incomparable de la mélodie et à ces diverses transformations, jamais personne ne s'est plaint d'avoir entendu trop souvent ce morceau. — Comme cela est souvent arrivé pour des productions de haute valeur, l'envie a cherché à ravir à Grétry cette perle de sa couronne. — D'abord on a prétendu qu'il l'avait trouvée dans un manuscrit de la bibliothèque royale, et ensuite qu'il la devait à d'Alayrac. — Ces deux assertions sont aussi mensongères qu'absurdes. — Jamais on n'a pu citer le numéro, le titre du manuscrit contenant le texte musical sur lequel Grétry aurait transporté les paroles de Sedaine. — On n'a pas d'ailleurs remarqué une chose toute simple et qui détruit totalement le dire des envieux : c'est que le chant du compositeur a bien la couleur du vieux style des lais de Thibault, roi de Navarre, et de Raoul, comte de Soissons, mais tout à fait modernisé. Quant au cadeau fait par d'Alayrac à Grétry, je puis citer une circonstance qui m'est personnelle, afin de la réduire à néant. En 1808, à Fontenay-sous-Bois, dans un déjeuner chez Guilbert Pixérecourt, j'interrogeai l'auteur de *Camille* sur la paternité qui lui était attribuée, et voici ce qu'il me répondit : « Malgré mon estime, mon affection, « mon admiration pour Grétry, je vous jure que si « j'avais eu le bonheur de trouver ce beau chant, « je l'eusse gardé pour moi ! »

On a refait la musique de plusieurs opéras anciens, mais je suis persuadé qu'on ne refera jamais
celle de *Richard*. Qui oserait toucher à cette œuvre empreinte d'une couleur locale admirable, et
dont chaque partie si belle, si pure de sentiment,
concourt à produire un tout vraiment parfait !...
je sais que Grétry lui-même avait presque exprimé
le désir qu'un jour on donnât plus de force à son
orchestration. — C'est ce qu'a fait M. Adam pour
Richard, et je suis loin de l'en blâmer. Toutefois,
un semblable travail, quoiqu'il ne soit en général
que de remplissage, exige du goût, du tact, et ce
compositeur me paraît ne les avoir pas toujours
employés en cette circonstance. Je n'en citerai

qu'un exemple, c'est le malencontreux *tremolo* ajouté par lui dans l'accompagnement de la seconde stance d'*Une fièvre brûlante*. Qu'est-ce que cela signifie ?... M. Adam a-t-il voulu, en faisant de la musique imitative, peindre dans l'orchestre le trouble, l'agitation s'emparant des personnages au moment où ils se reconnaissent ? Eh bien ! s'il en est ainsi, il s'est, selon moi, entièrement fourvoyé, en sacrifiant à un effet purement matériel, le sentiment, la vérité de site de cette belle romance, et la pensée du compositeur. — Blondel est censé s'accompagner avec une simple viole, et l'orchestre qui soutient sa voix ne doit pas sortir des notes tenues que Grétry lui a données. — Seulement, cette seconde stance exige une exécution plus pressée, plus animée. — Ce n'est pas d'ailleurs dans l'accompagnement que le trouble, l'agitation doivent se faire sentir, mais dans l'accent des acteurs qui, lorsqu'ils ont de l'intelligence et de l'âme, arrive à l'exaltation la plus vive... C'était ainsi qu'Elleviou et Gavaudan interprétaient ce passage de leur rôle, et l'orchestre se bornait à être leur très-humble serviteur, sans s'aviser de se livrer à un tremblement, souvent très-bien placé dans une tragédie lyrique, et dans tous les morceaux de force, mais très-ridicule pour accompagner une naïve romance du temps de la seconde croisade. — M. Adam me pardonnera, je l'espère,

cette observation que je soumets à son esprit dis-
tingué, à son goût qu'il devrait affranchir des exi-
gences de cette portion du public aimant l'exa-
gération et le bruit. — Qu'on donne un peu
plus d'étoffe aux accompagnements des opéras
de Grétry, qu'on en double les parties, je con-
çois et j'approuve cela : mais qu'on n'altère jamais ses intentions. C'est un de ces hommes
dont, ainsi que le disait un ancien : « Il faut sui-
« vre les traces à genoux, et respecter toujours
« la pensée ! »

Peut-être quelques fâcheux, appartenant à la
secte des dénigrants en fait d'ancienne musique,
trouveront-ils que j'ai donné trop d'étendue à ce
travail sur l'opéra de *Richard?*... leur opinion me
touche fort peu, et si elle a quelque chose de
fondé, beaucoup de lecteurs me pardonneront en
faveur de la vénération que m'inspire la mémoire
de Grétry, vénération qu'ils approuvent et parta-
gent. — Jamais je n'oublierai l'intérêt, l'affection
que ce grand artiste m'a témoignés : j'en ai déjà
consigné de précieux souvenirs dans un opuscule
ayant pour titre : *Ma première visite*, et qui a été
reproduit dans plusieurs recueils et journaux.—
Peu d'instants avant sa mort (j'avais alors quitté
Paris), il remit à Bouilly une boucle de ses cheveux
pour la partager avec moi ; cette relique orne une
tabatière sur le couvercle de laquelle est une mi-

niature d'après une sainte Cécile du Dominiquin,
avec ces vers :

> « Du plus honorable héritage
> « Je fais avec toi le partage
> « Ami, garde toujours les cheveux de celui
> « Dont les divins accents vivront dans tous les âges !
> « Qui comme toi chante et sent ses ouvrages,
> « Mérite bien d'avoir quelque chose de lui. »

Ces témoignages d'amitié, d'estime, de la part
d'hommes distingués, qui encouragèrent ma jeu-
nessse, composent à mes yeux un véritable trésor,
et font ma joie et mes regrets. — Je commence à
entrer dans cet âge où l'on n'a plus d'illusions
quant à l'avenir, et où le reflet des beaux jours
écoulés colore seul les instants d'existence qui nous
restent. — Sans doute les souvenirs de bonheur
sont des songes, mais ces songes nous consolent
et nous bercent jusqu'au moment où ils s'étei-
gnent avec nous dans l'éternelle nuit. — Presque tous ceux que j'ai nommés, en retraçant
l'histoire de l'opéra de *Richard*, ont disparu de la
vie, depuis Grétry, mort en 1813, jusqu'à Bouilly
et Elleviou que l'année 1842 a vus descendre dans
la tombe. — Ah ! ce n'est pas sans raison qu'une
femme, célèbre par la délicatesse de son esprit et
la noblesse de son caractère, a laissé s'échapper
de sa plume ces simples et mélancoliques paroles :

« A mesure qu'on avance, les espérances s'éva-
« nouissent ; on se voit successivement enlever tous
« les objets de son affection ; et l'attrait d'un inté-
« rêt nouveau, le changement des cœurs, l'incon-
« stance, l'ingratitude, la mort dépeuplent peu à
« peu ce monde enchanté, dont, jeune, on faisait
« son idole ! »

PIERRE HÉDOUIN.

www.ingramcontent.com/pod-product-compliance
Lightning Source LLC
LaVergne TN
LVHW021654170726
843501LV00007B/2557